MANANTIAL

AF283189

Ojo de Pez, 114

Isabel Villalta Villalta

MANANTIAL

BIBLIOTECA DE AUTORES MANCHEGOS
DIPUTACION DE CIUDAD REAL

Primera edición: 2024

© Isabel Villalta Villalta
© Diputación Provincial de Ciudad Real

Edita: Servicio de Cultura. Diputación Provincial
Biblioteca de Autores Manchegos
Plaza de la Constitución, 1
13001 Ciudad Real
Tel.: 926 29 25 75
Web: www.dipucr.es

Diseño gráfico de colección: Miguel López Vázquez/BAM
Imagen de portada: Roselino López

Coordinación editorial: Jesús Reviejo
Colección Literaria *Ojo de Pez*, número 114

Impresión: Lince Artes Gráficas
ISBN: 978-84-7789-419-3
Depósito Legal: CR-1087-2024

Impreso en España

PRÓLOGO

Hay una clase de poesía que suele ser luminosa, una poesía que nos deja, después de haberla leído, un recuerdo hecho de palabras e imágenes que no nos hacen agachar la cabeza con gesto contrariado. Porque, como escribió Vicente Aleixandre, la poesía tiene que ser humana: si no es humana, no es poesía. La cita queda recogida al principio del poemario.

Este poemario de Isabel Villalta titulado *Manantial* es todo agua, un conglomerado de metáforas bajo el guión de sus afluentes hasta llegar a configurar un cosmos idealizado. Está dividido en ocho partes y cuatro codas que darán unidad al libro.

El poeta visionario y romántico inglés William Blake (1757-1827), en su poemario *Matrimonio del cielo y el infierno*, decía que sin contrarios no hay progresión. Esos contrarios bien pueden ser el bien y el mal. También recordaba Blake que el ser humano puede elegir entre ambos extremos. *Manantial* guarda estas premisas. Pero, cuidado, cada poema es una estancia, una respiración que nos muestra escenas atemporales donde el bien dibuja sus perfiles en recorridos acuosos:

> *La comunión del agua con la tierra*
> *es el prodigio*
> *que conecta el amor y la poesía.*

Agua y tierra, palabra y poema, símiles de la fuerza dadora de vida en constante movimiento.

Este libro además de ser un canto es una danza circular:

> *El milagro del agua*
> *que riela en la tierra.*

Me resulta atractiva la capacidad de sorpresa de la voz poética, atenta solo a las imágenes metafóricas que no cesan en ese río caudaloso que podría ser la propia existencia. Se aleja tanto su yo poético que parece alcanzar en muchos momentos una epifanía, es decir, la sensación de comprender la esencia de la naturaleza de las cosas. El yo poético necesita implorar a un tú.

> *Tú eras el dios en el que yo creía...*
> *Pero no te alcanzaba,*
> *no podía tomarte de la mano*
> *ni tú agarrar la mía.*

Esa búsqueda va dejando estelas que a veces contienen destellos eróticos, destellos que no se encuentran más que en la lejanía. Nos preguntamos si ese tú es cambiante, si a veces apela a lo sagrado, o bien se esconde otras veces en una prolongación de su propio discurso.

> *Suelo y agua. Papel y verso. Amor y carne*
> *o solo evocación y lejanía.*

El canto adviene ruego y a veces contemplación pura. Hay mucho de esa poesía sin referentes anecdóticos, aquella que Juan Ramón Jiménez llamaba por su pureza, sin alas para apoyar los versos, pleno vuelo poético.

Y surgió la poesía
alumbrando rupestres
en las manos inquietas
que querían saberse.

Fluir constante, principio y fin en estos cantos humanos. Y, como advertía William Blake, tengamos cuidado ya que la maldición vigoriza y la bendición relaja. Como en otros poemarios de Isabel Villalta, a través de la escritura quiere expresar la autenticidad, la belleza y nobleza que contiene el mundo, en esta ocasión, derramado en los cauces del agua y su poesía.

Como también dice la autora, para verter su aprendizaje en la ciencia filológica que estudió y le apasiona, sobre todo la etimología de los topónimos. Para expresar sus ideas y sentimientos la poesía contribuye a que el mundo sea mejor. De eso se trata, de sentir que somos humanos gracias a que podemos percibir la belleza.

Pero somos ese enlace sagrado
que está guardando un sitio
en la pinta que deja la existencia
y que no se termine su energía y su luz,
el estremecimiento
del agua por la tierra.

Concha García

"Si hay magia en este planeta,
está contenida en el **agua**"
LOREN EISELY

"El **amor** es el camino de la sabiduría"
PLATÓN

"La **poesía** tiene que ser humana,
si no es humana, no es poesía"
VICENTE ALEIXANDRE

"De la **tierra** nace el agua; del agua, el alma"
HERÁCLITO DE ÉFESO

A ti, eso, eso mágico
que brotas de la entraña,
que ondulas en espejos,
que flameas en gasas,
eso tan inasible
que llueves en mi alma.

Respiración

EL manantial, su agua...
Ella es libre y con vuelo
y siempre nos habita
una vida hasta el límite
y es una eternidad
transformada en un círculo continuo
en otras lágrimas,
otros juncos, otros pastos de tierra,
en miradas que se abstraen o circulan...

Una caricia es, un clamor,
un espejo del mundo
y un lento meditar que serpentea
encima de memorias y cenizas,
las que lava y renacen
de su milagro y suerte a progresar.

Es súbito relámpago
y un torrencial de junio
que desborda los cauces
y vuelve a derramarse
en una catarata jubilosa.

OJO

Curiosidad del agua

Preludio de su insomnio

Primer movimiento

PEQUEÑA nace, asoma en una grieta
o boca deseosa
que se abre sobre el suelo
y va creciendo –tente de su soplo–,
                        asomando su espejo,
su regalo de vida
que a esenciar va leyendas
y emociones y tesoros del tiempo.

Segundo movimiento

L A comunión del agua con la tierra
es el prodigio
que conecta el amor y la poesía,
la profunda emoción de sus dos mares,
la anchura de su azul en oleajes
y conciencia de la sed de veneros.

El viento los desplaza;
la savia de raíces
y los troncos y ramas
con bombillas de azúcar
y un vuelo de semillas aguanosas,
la atmósfera los sorbe y los desgaja,
los recodos de ciudades, ideas,
descuidos, atenciones,
en otros los transforman.
Sus cauces y corrientes
reciben el impacto
de la luna y el azogue del fuego
y una contemplación
de almas estremecidas por sus bienes,
por su caleidoscopio en los paisajes.

Tercer movimiento

SI es así, si se aprecia
cada una de sus gotas
como pepitas de oro,
siempre crece más magia en esa tierra
al cabo de los besos y los versos
o de brutales precipitaciones,
una flor diminuta
embriagada de aromas y moléculas,
un poema de cal o de ambrosías,
una fascinación de mil luciérnagas
que allanan horizontes
e incendian las estrellas...

El milagro del agua
que riela en la tierra.

COMIENZO DE LA VIGILIA

La ansiedad del latido

I

NO gano ningún río,
el espejo de un cielo...

Todo llega, me repuso un poeta.

Y cayó un meteorito.

II

TENAZ, porque sé de la lluvia,
resurgí de la era
del hielo y mis magnesios
y cobijé una agreste pasionaria.

Y vino un vendaval
que me llevó a otra dimensión,
adonde desembocan los asombros,
hasta la tierra tuya
belleza de sinfines
de seda hierbabuena enamorante.

III

LLEGAR a lo que importa y estremece,
a una mirada atenta azul celeste,
a tu éxtasis y el mío,
es una travesía
con mil encrucijadas,
remolinos, sequías, torrenciales,
anhelos, alegrías, terremotos…,
ajenos por entero a su sorpresa.

Eclosiona ello solo.

IV

NO sabía todavía del fondo,
su pendiente y laderas
y sus ondas.

Solo luz intuía en el espacio,
espeleólogos ecos
tocando en armonía con solares,
sonidos que anunciaban
un bálsamo a mi oído y no entendía,
tersura de la perla
en la concha marina,
del pétalo que roza la mejilla
al cruzar la maraña de una selva,
de las nubes
que se beben caudales
y prometen más lluvia
y sus cosechas vírgenes...

En tu iris de océano,
eso, eso maravilloso,
todo lo presentía.

V

TODO estaba latente,
palpitaba algo hermoso
en parpadeos,
un hoyuelo de fuente,
un temblor diminuto
de pequeños cristales campanitas.

Sonámbulo sonaba
un brotar de burbujas
que espantan amenazas,
que alimentan la sed
de reflejos y puentes en la tierra,
un vaso de templanzas
y bondades, de edenes y agasajo
para el alma más líquida.

Todo vivía luminoso,
dulcedumbre de entrañas abstraídas.

VI

EL horizonte estaba entre tú y yo,
el pentagrama, la cadencia,
el chispear que libera tu anuncio,
el corazón, el trazo conmovido,
la saliva, la duna de la orilla...

Tu ser y el mío preparaban lentos
como las cosas buenas
                    la corriente.

VII

ASÍ de persistentes eran
tu resplandor
y tu dominio
y el batir de mi convicción,
así de poderosos;
así tus extensiones que se elevan
sobre las perversiones
y los daños del mundo
o sobre su grandeza,
sobre su maravilla distraida
que en su milagro y centelleo, goza.

Tú eras el dios en el que yo creía…
Pero no te alcanzaba,
no podía tomarte de la mano
ni tú agarrar la mía.

VIII

TANTA luz y vapor
generaban un velo
de mística atracción
y prohibiciones,
una niebla de gasa
la grieta sobre el muro enardecido,
una pared de música
y flores a estrenarse.
Una suerte que salva los milenios
entre óleos, olvidos y abandonos
y pureza de escarchas.

Todo.
　　　Y arrasaban los vientos.

IX

Y la avenida que abrían
mi emoción y perfiles
capaces de quebrarse
en un tacto de yema
que en diosa te convierte,
nos clamaba integrados,
de este modo instalada en mis sentidos,
paralelos a tanta majestad
de la vida a vivirse

como las líneas mayestáticas,
distantes entre tules de la atmósfera
traspasada de lluvia,
siempre del Arco Iris.

X

A pintar sin saberlo
radiantes se asomaban
esos siete colores,
el más bello y sorprendente cromático
o a sanar sobre el suelo
o a acrecentar su dicha,
extasiados sobre un melocotón
y su perfume
que vas dándole vueltas
con tu tierno cuchillo
de millones de pasos
y encuentros fortuitos,
descubriendo su pulpa,
saboreando a mordiscos
el jugo de su carne...;
mientras gira su esfera,
mientras rota y entera
            se transforma
en el haz sensorial y la sorpresa
del hueso y de la almendra.

XI

CLOQUEABA, el surtidor cintilaba...
Oferentes las sábanas
de la extensión del tálamo,
esta tierra sutil
colmada de deseo y mantecados
de hervor adolescente,
nos clamaba mirada con mirada,
pechera con pechera,
beso desvivido el cauce
y la corriente, cóncavo y convexo
en meandros profundos
                    y ondulantes
desde tu lagrimal amaneciente,
desde tu fontanar
vigoroso en el destello y el trueno
y la tempestad que sucede,
a salpicar vergeles y cantares...

Y tras el zarandeo de su vértigo
y de la saciedad de tanta dicha,
sudorosos, fragantes, conmovidos,
serenarnos, reposar en estanques.

Era este el momento concibiente.

CORRIENTE CONTINUA

Tierra y agua estremecidas

I

SE dilataba un cauce que no frena,
que salta sobre presas,
se extendía en bautismo
un reflector de ondas encantadas
con un caminar trémulo,
sinuoso, lento el líquido amniótico
por mi seno de hojaldre
cobijando un milagro.

Era este mi río,
la distinción sagrada
que se agasaja sola, sin solemnes.

¿De dónde vienes?,
¿dónde ocultas tu don?,
a veces preguntaba.

II

¡CHISSS...!, se oía este mandato maestro
que protege su zumbido y ascenso.
Tú eras un susurro
despacio en un creciente
y yo un óvalo vaso
de limos refinados
que te ofrecía seno,
convencida, llenándose de gracia,
así maravillada.

Y ordenaba y mullía el forro del cobijo
con espumas translúcidas,
cuidados desniveles,
alguna catarata pequeña
y que bailáramos
un vals, un bolero agarrados,
celebrantes...

III

PERO dijeron voces,
que no podíamos ver,
que sí había desgarrones,
ríos que se utilizan de cloaca
o que cruzan jinetes
con espadas...;
que no era este prodigio
la sanación completa universal...

Y creo que cruzaron nuestros ojos
unas dolidas sombras.

IV

PERO tú y yo
nos mirábamos, los dos teníamos vista
de altura y lejanías,
queríamos alcanzar el fin del mundo,
entero su destino de silicio
y de arena y que el *tic*
de su vértice fuera
el sortilegio del verso
que recorre en un espasmo la espina,
que se hace vida y cuerpo
sin juzgados
y sí de luminarias,
y sí de travesías a ofrecerse
que terminen
en el alma del tiempo,
en la razón del hombre.

V

¿**P**UES no es su ser el lazo
milagroso,
el que llena la tierra de venturas
en su rayo diana
para la flor y el fruto?,
le cuestioné entre cantos rodados
y entre grietas
de pulpa y de montaña
a aquel singular gesto
arpegio de la lengua
en la puerta del cielo de la boca
que me pidió silencio.
¿Ella el órgano vital y grandioso
que disuade de cólera
y venganzas
–persistí–, ella, ella…?
¿Ella oxígeno,
los hidratos del sueño de la vida?

¡Chisss…!, repitió.
Has de guardar silencio.

VI

SI declaras, te roban, te apedrean,
te secan paradógicos
abducidos por tu fuerza y belleza...

Su palpitar,
su quererse vivir y su prudencia,
dijeron estas cosas
tan duras en el tímpano
y en caracoles
que iba yo acunando;
dijo la interjección aliterante
en eses lengua y cielo de la boca,
la boca que hablar quiere
de amor, de la lluvia y poemas
como unos aguaceros o tormentas
que dan lustre a empedrados
y lavan los tejados
y granan las cosechas
que van certificadas.

VII

¿ERA ella, su rígido y mullido,
la covacha escondida impenetrable
por si alguien intentara
profanar su sagrado?
¿El firmamento, era,
que te acoge al ocaso…?

Asaz era el agua del río
          que se sale de madres.
El cabalgar de su ardor continuaba.

Y bombeaba un corazón,
dos, a un mismo compás en ese encuentro
que a nadie pertenece.
A nadie, ni siquiera a la matriz
de la tierra que un día en ti funda un estreno
o al mar que te concibe.
Ni siquiera al poema deslumbrante
de tapices con ríos
que reflejan por siempre el testimonio
de nuestra epifanía,
de toda su inocencia y trascendencia.

VIII

¿ERA ella, la que expande su flama
    —abrumadora, incomprensible
    si un día la auscultamos
en todo su espiritual latido—
y da energía
y nos extiende millones de estrías,
de zanjas y virajes,
de ángulos obtusos y de deltas...?
¿Era la vida
preciosa de los hijos
por los que das el salto
mortal más jubiloso,
capaz ahora de en otros convertirnos,
proseguir en su siempre renacerse?
¿Era la poesía, su magnitud
que nos supera?
¿Era el amor que deja el ADN
marcado de su fuego...?

El lienzo de la tierra
desplegaba su savia de raudales,
de ríos y regatos.

IX

ERA la boca que alcanza y deshace
las fronteras más frías y temibles,
las amargas, saladas y sacrílegas
y dilata la hondura y el impacto
del ser de la poesía,
del beso inaugurante,
de la tierra con mágicas sorpresas
de un torrente sin tiempo y sin fronteras.

Eso...
        A veces emitías palabras,
susurros, una música
bella en tu danza
que toda me embriagaba y ensanchaba.

X

MI mano se alargó por si mi tacto
lo mismo que un sentido,
consagrado
en el desplazamiento,
sintiera tu verdad,
tu delicadeza de hipnosis,
tu rostro hacia mí vuelto,
tu sonrisa de raso…
Quizás rozó el milagro,
quizás tocó tu puerto.
No sé…
Tal vez ahondó en la fuente,
bebió, succionó su calcita
y fuera el cielo.

Y era este el momento concebido.

XI

EL espacio ofrecía muchas veces
una frente de bronce,
como estatua lejana,
o era el tronco del roble milenario
a cuya sombra
el vendaval me disparó.
Mil años, dormir mil años, quisiera,
te dije sobre tantos atropellos
que me hieren, impaciente también
en la extensión de tus silencios,
las sequías, mis grietas.

Y yo contigo, respondiste…

Y en esa declaración que me abría
la puerta de tu estancia deslumbrante,
cautivadora y tierna,
se estremeció mi cuenca hasta el origen
en un caracoleo reculante,
feliz, ruboroso, impresionado.

Suelo y agua. Papel y verso. Amor y carne
o solo evocación y lejanía,
lejanía imantada,
poesía por las nubes en relámpagos,
la súbita galerna...

Las estrellas aguardan.

BATIR DE AFLUENTES

El río ensangrentado

I

ME tendiste un cuaderno y una pluma
—sentí otro calambrazo—.
Toma, para que escribas tus poemas,
me dijiste dulcemente mirándome.
Y me quedé sin respuesta.

Vino otra vez la lluvia
y mojó aquel papel
mientras que la mirada
seguía en su embeleso y nos fundía
en dos estatuas clásicas.

Apenas unos garabatos,
diluida acuarela...
Me quedé sin palabras y sin trazos;
solo felicidad, yo era,
una abstracción y un llanto incontenibles...

II

NO gano ningún premio,
al fin te respondí.
    ¿Y eso qué es?, repusiste,
tan seda tu mirada, tan azul
de un celeste,
tu sonrisa tan mía.
Me quedé sin mi lengua.

III

EL agua...
El agua se desliza por la tierra
cuando el cielo la toma
en una incontinencia de su magia
y las montañas se derraman
como un llanto de dicha,
los soberbios perfiles de la tierra
que trazan esta hamaca en que se mece.

Acércate, criatura soberana,
y llena el cuenco de tus manos. Bebe.

Y siente sus latidos
de luz y de ambrosía, de emoción y verdades...
El mundo
y sus lazadas capitales.

IV

TE sonrojas si percibes que existo,
que trazo piruetas con medidas,
metáforas o ritmos;
que sin un pentagrama
quiero llenar de música tu alba,
que me abstraigo en tu esencia

y pudorosa escapas,
me despiertas, me burlas...

Soy el lecho del agua,
no me temas, no me hagas tanto daño.
En la orilla te espero...
Espérame en la fuente,
yo soy samaritana...

Porque es todo tan bello,
tan veraz y secreto
en las profundidades
—que sabrán de tu herida si me faltas,
de tu sombra, primero—.

Hay un eco en el aire,
un eco de clemencia y de bondades.

V

ERES el manantial, eres el río,
eres el beso que succiona mis ganas,
el poema en el que se mira el cielo.

Somos los dos el globo malherido
que surca el firmamento,
la cúpula como salón de baile
que moldea la danza,
toda la redondez
         donde se instalan
espinos y espirales
de vilanos y pétalos que vuelan,
se deshacen y vuelan...
como las esperanzas
de un río permanente e inflamado
colgado en mi garganta.

VI

NO, no sé cómo eres, realmente.
Tan solo quiero ver en tus moléculas
ese corazón mágico,
grande, gozoso, transparente...
No quiero que nos hieran
si tienes tus dobleces.
No sé todo tu hierro
si alguna vez quisiera,
pero sí que caminamos juntos
desde aquella afirmación
categórica
—tu fluir por mi oído lluvia dulce—
que a nadie que se adentre
                                    en estos lances
que un día nos abrazan por sorpresa,
lo llevará en volandas otro día
a habitar nunca solo
la gravedad grandiosa de los astros,

aunque sangre, aunque en tantas ignominias
y pobreza en la sangre, sangre.

VII

Y los dos somos títeres
a expensas de otros remolinos,
de anaqueles sin el dedo de Dios
sobre el del hombre
en vértice de gloria renaciente,
de días que se escapan sin sentir
a los pájaros,
su gorjeo de arrullo
en los atardeceres de los álamos,
sin las bocas y el beso
que se desconocían
y todo su pasado lo deshacen
y reviven,
del hielo resucitan...

No, por el amor de río, del agua
que alumbra los milagros,
reparemos en todos los juncales,
en todos los gorjeos y la brisa,
en todos los abrazos y los besos
que saben a manzana.

VIII

Y yo degusto siempre tu frescura,
tu voz de terciopelo
y quiero creer que tú las mías
que por ti se modulan, tierra hojaldre.
Nadie sabe tu verdadero nombre
ni conoce mi eco,
el musgo que enternece mis laderas,
la oquedad en la roca de mis cales.

Tal vez alguien desconocido
pueda una vez al fin beber
de nuestro enlace
que está guardando un sitio en el correr
del tiempo de la vida,
sus triunfos y fracasos.

IX

ERA ella, segura,
perseverante,
que arriba desde el fondo
y florece la tierra
colmada y ondulante,
a dos cuerpos su hechizo y su certeza.
Era su seno devastado
que buscaba refugio,
que sortea peligros y salta por los aires
y renace donde nadie se espera.
Era ella, la tierra, el agua,
la emoción del amor,
la poesía y su magma
y no sé todavía
si fuera yo capaz de darle abrigo
al estuche de esencias,
a los vitales dones.

Escribo, escribo y me adormezco
y no siento los dedos.

X

PORQUE he de declararte:
aunque nos disipemos
para el resto del mundo
porque haya manos
o vientos orbitales
que no nos dan cobijo,
tu ser y el mío
vivirán siempre unidos
acunando
la belleza que reina
detrás de esta reserva,
esta serena paz en un estanque,
una presencia eterna en las estrellas.
Y retiembla en el fondo
un sonido de plata...,
el momento impreciso
de la fascinación.

Encantadas las fuerzas
como una confitura,
como el espacio sacro,
guardamos nuestro sitio,
nuestro sueño: un planeta
de agua y sus altares.

XI

ESCRIBO sobre el agua,
sobre mi pergamino,
sobre tu inteligencia,
sobre tu latir manso que se escurre
en el beso y el verso en desmemoria
que nos afirman
                  y nos salvan.

UNA ESFERA EN EL COSMOS

La Tierra gravitando

I

NO está que me prodigue
–y no es excusa–,
porque me falta tiempo, los milenios,
y cuesta, cuesta tanto
como trazar una corriente
y yo no soy de trombas,
no quisiera de aquellas que conviertan
en barro o en barrancos
sin un clima en vigilia
el paso de su aurora;
no soy de terremotos
que sepulten, que arrasen,
que destruyan pasados grandiosos
o lleven a que emerjan
futuros paralelos.

Y no me llaman fallos…

Mi cuerpo boca arriba bajo el cielo
contempla por la noche el firmamento.

II

NO se inclina mi quiebro, no puede
si no es con la dulzura o el punzón,
la conciencia
de cuanto vivo encierra
esta tierra diversa,
tan de tantos caminos y tan llana,
le respondí al poeta;
de cuanto auténtico,
por haber ya existido,
sereno y reforzado le da cuerpo,
espacio estremecido
entre tantos paisajes sin descanso.

Y alguna vez que otra, he de decirte,
pone pequeños mirtos en mi frente,
en mi latido humano,
                    y me conmueve
de un gotear constante
que no sé bien si entiendo.

III

NO preguntes ni declares ni afirmes,
dijo otra vez la voz.
    Aquí me tienes
—sentí otro retemblor—,
quiero también saberte,
expresó emocionada,
nada maternalista.
Y mi espina en un combo
contenía su celestial regalo.
Y me cerró la boca con su dedo
de seda,
me agarró de las manos,
me prohibió y yo lloraba.

¿Me anunciaba que era ella ese río,
que era ella la magia,
el verdadero premio…? Eso, eso...

IV

TAMBIÉN cerré los ojos
motu propio y desprenderme,
y dormir... mil años nunca buscados,
jamas imaginados.

Y seguías siseando por mi nuca
como sangre estrenada,
como vital vinagre o caramelo,
como un galón de olvido
y de cuidado.

Como un río que no puede secarse
ondulabas y no hay un juez que pueda
declararlo desierto.
No hay jurado que deliberar pueda
ni pueda ser unánime.

Y nada nos importa
y a nadie le importamos
cuando hemos alcanzado
el pulso de la tierra y de los astros.

V

Y somos esa esencia inmaculada
que late en lo profundo
y en el azul oscuro,
quizás al otro lado
de la atmósfera
o en el lecho del río que retrata

la magnitud soberbia en que flotamos.

VI

UN brillo opaco, somos,
aquí, cada vez más velado
encima de la tierra que da en venta
solo lo que se compra.
Tic tac un corazón
del agua en agonía, lejanía...

Tic tac una emoción
que clama algún pequeño verso,
paisajes interiores,
poesía desplazada y encontrada
por solo exploradores del desierto.
Amor de los amantes verdaderos.
Rumor que se desliza
por el lienzo de arena
sabiendo que un tiempo ya existieron
avenidas milagrosas de Nilos,
hexámetros gloriosos,
diluvios y nevadas
que no se derretían hasta mayo...
Y que esto únicamente son
intísimos regueros
que buscan arropar sus propios,
sus anchos y sus libres corazones.

VII

¿**F**UERON mil años…?
Más, muchísimo más tiempo fue el ictus
porque no tiene edad.
Ya después de los millones y látigos
que han batido su esfera
en donde aparecimos
y los soplos divinos
que le han dado perfección y tersura.

Que brotamos del agua.
Y palpitó el amor.
Y surgió la poesía
alumbrando rupestres
en las manos inquietas
que querían saberse,
confirmarse, contar a los futuros
con huella impresionista
de óxido y arcilla.

VIII

NO hay nada más hermoso
que lo que no se tiene
pero pasa ondeando
las horas de los días y las noches
temblando fugazmente
en un alma cautiva como lámina.
Nada tan delicado
y al mismo tiempo fuerte,
tan cascabel de plata y tan espejo
como aquello que no llega a alcanzarse,
que se escurre en declive
y refleja los cielos
o que es como una estrella
que se mira en el agua,
que corona la tierra
y vigila sus sesgos.

IX

MÁS saboreo siempre
el cuenco de tu boca reanimante
como el sueño más bello
en la presencia azul de tu torrente;
tu mirada, contemplo, tu sonrisa
que surge sabia de mil fuentes,
tu voz de terciopelo
que ha aprendido las leguas
de todos los países de la tierra;
tu gesto de poeta
que se hace a los perfiles
de todos los relieves
y ensancha e ilumina el espectáculo
grandioso de la Esfera
que requiere emociones
y lleva a crear versos en insomnios...

Tu corriente y tus limos
filigranas fecundas
para tejer la savia de la vida:
la integridad del mundo y sus criaturas
y su felicidad en limpias carcajadas
sin miedos a sequías.
Sin temor a reacciones del demonio
cargadas de destrozos,
de agentes autohirientes.

X

NEVÓ después sobre la tierra
Vía Láctea, Perseidas relucientes
cautivadas, disparos vaporosos
de argenta sorprendente.

Te acercaste y me diste
la primera palabra,
la primera y siguiente
y un verso y otro verso
que en la frontera alzaban
y poemas enteros
rebosantes de agua.
Era entonces el tiempo
en el que todo, todo me lo dabas.

XI

MIL estrellas surgieron en el cosmos,
millones y millones
y ríos en la tierra
y lagunas y pozas conmovidas.

Tus silencios se alargaban,
sin embargo, ah, dolor,
lo mismo que el de Dios.

Y lloramos a la par en la distancia.

TODA UNA ETERNIDAD

Universo

I

DE aquella dormición eterna juntos,
nos despertó la lluvia.
    Nos dejamos calar por su caricia,
que nos hiciera un charco de charol
donde mirarnos,
imantados, mirarnos;
la lluvia mansa y cálida
que todo lo florece
derramada en el suelo
y lo hace yema, alimento,
fruta intensa de azúcar
igual que una garnacha
descuidada
en mitad de los páramos de invierno.

II

Y amanecimos nardo,
hibisco, estanque, géiser,
catarata, yerba, cocoteros, pan...
Y brilló con más fuerza el Arco Iris,
un Arco Iris doble
paralelo.
Y allí estábamos, en lo alto,
ingrávidos, sosteniendo embriagados
con cadencias de lluvia
y alfileres su bóveda.

III

HABÍA un rumor dulce,
un inmenso horizonte en armonía
salpicado de cálidas centellas.
Fascinación y música tranquila,
temblor de un aleteo
que nutre los perfiles
de todos los planetas
y llena las vasijas de los dioses.
Aquí las cicas y zarzales
y juncos
                    cimbreantes
de riberas,
el Árbol del Edén o de la Vida
que expande su perfume y reverbera
desde ese amanecer
de un hontanar pequeño.

Y se establece en su espacio
y diluye como un azucarillo
las fronteras.

IV

HE caminado cientos de kilómetros
con este verso terco
en los ojos por no llevar encima
otro soporte.
Se deshizo el cuaderno
empapado por el fervor del cielo
en tus palabras
y a la pluma también
le aguó su calentura y sus retinas.

Pero les he devuelto
la vida con mi vaho,
con mi plancha de márgenes de arrope
y con mi intervención
quirúrgica dejando solo flor
en el cartucho que vierte la fragancia.

V

HE escrito este poema
en ese muro quebradizo
y con esa herramienta
de sangre que suple los deseos,
las alas del espíritu
que tú me regalaste coincidentes;

mas sé que convencido
de que no es necesario que el poema,
el que sale desde una constricción
o una quietud absortas, sea grabado
cuando inflama las nubes
con el eco del río,
con la mirada oceánica,
con los versos que dicen
las palabras heridas o gozosas
en un destilar virgen de fonemas
que se expresan de niños
o cuando ya eres sabio si esto logras,
hasta arropar la tierra del amor
que se mira a los ojos
y percibe la hermosura más cierta
y más frágil y fuerte de los hombres.

VI

ASÍ el paisaje es mágico.
Rebosa del temblor de la conciencia
y del conocimiento.
Da instrumento a los seres
para seguir el rastro
de toda la alegría,
el cobijo de todos los saberes
donde su entraña crece

y no ser amargura,
la diana o el dardo de la muerte
más inútil, el terror de las almas
prepotentes y vacías y crueles

cuando una paradoja de creencias
divinas los divide,
desiguala y convierte
en un rugido, en un drama angustioso,
en una sepultura
de tesoros que no regresan nunca

sino al dolor de la tierra y el agua,
del amor despreciado y de escritura
que no sirve de nada.

VII

PERO, si me enseñaron a escribir
los doctos precedentes
y me mostraron mapas de colores,
la geografía de la tierra,
sus continentes y sus mares,
sus cumbres y llanuras,
sus cultivos y bosques,
sus razas y culturas y su historia
y las guerras del hombre,
el poder de las armas
para debilitar tanta grandeza,

no he querido dejar de elevar un cobijo
en la oportunidad que me brindaste.

Aquí lo tengo escrito.
Pásale sobre su corazón tus yemas,
el faro de tu frente,
la prueba de tu pecho…

VIII

NO gano ningún premio,
repetí.
      ¿Y eso qué es?, volviste a preguntarme,
tan seda tu mirada, tan azul
de un celeste,
tu sonrisa tan mía.
Me quedé sin mi lengua nuevamente.

IX

NABARCABLE era
la deseada avenida llena en dos,
tan solo de los dos.
La caricia entrañada,
la ternura inmanente,
la palabra de luz.
Ya no había soporte,
el blog se desahacía mojado
ni la pluma escribía.

Y comprendí por fin
que no era imprescindible
dejar un ser inmenso en la desgracia
puede ser de incendiarios:
la atmósfera del mundo
y el cielo,
su belleza profunda, se los tragan.
Y nos transforma en sueño, en un silencio...
O quizá en una flor inmarchitable
que alumbró aquella lluvia.

X

TEMEROSOS tal vez de rehacernos,
   seguimos dialogando
   sin tomarnos la mano,
en una imantación de minerales,
miradas silenciosas
                penetrándose,
bocas deseosas aguantándose,
nuestra conciencia en una somnolencia
plena de vida,
en un abrazo eterno
lleno de raspaduras
y terrón de perrunas
o intensos amarillos de unas rosas...,
abandonados
por espacios de ideales y credos.
Y de nuevo nevó.
Fue un nevasco que diluyó fronteras,
que nos dejó un silencio
de terso terciopelo.

XI

NEVÓ sobre la tierra
almas blancas
y al cabo de otra primavera
surgieron de mis grietas

otras fuentes,
corrieron otros ríos,
cubrieron de espejos las distancias
para mirarse el hombre,
los hombres y mujeres de la tierra
y verse el fondo.

Coda del llanto

Y lloramos a la par en la distancia
formando un manantial
que sigue dilatándose.
Y los dos somos livianas volutas
de muchos remolinos
                              que suceden,
de anaqueles sin el dedo del hombre,
de días que se escapan sin sentir
a los pájaros, su gorjeo de arrullo
en los atardeceres,
sin las bocas y el beso
que se desconocían
y todo lo deshacen y reviven.
Queriéndonos, repeliendo los prontos
que al ser propio condenan
en una tempestad de la ceguera.
Porque somos la vida,
la magia y la grandeza de la vida.

Coda del surtidor perenne

UN gotear de hidratos y de oxígeno
que nos hicieron ver que estamos vivos,
sorbiendo de las leyes
de la naturaleza
y que no se evaporan.

Que saboreo siempre tu mirada
azul melancolía,
tu tono de canela azucarada,
tu roce de vilano que regresa

y me asusta alguna vez tu hielo.

Nadie sabe tu nombre
ni conoce mi eco.

Pero somos ese enlace sagrado
que está guardando un sitio
en la pinta que deja la existencia
y que no se termine su energía y su luz,
el estremecimiento
del agua por la tierra.

Coda de la convergencia vital

HABITO ya tu ser
y tú eres ya en el mío.
Pero no sabemos
si habrá algún catalejo
que mire nuestro errar
por ver si somos ciertos,
consunciones
de un antes
o todo aliento virgen
o todo umbría, túnel del paraíso
y viven desterrados.

Coda de la consagración

TÚ y yo nos habitamos
    desde aquel manantial en cascabeles,
    crecientes de belleza.
Tú recoges mi ser
y tú eres en el mío.
Y nada nos importa
si hubiera un telescopio
porque no lograría columbrarnos.

Porque somos un copo,
un misterioso copo de aguanieve
que tiene como lema no extinguirse.

Índice

El presente libro aparece
con el número 114 de la
Colección Literaria *Ojo
de Pez*, creada en 1988
por José Luis Loarce. Esta
primera edición consta de
mil ejemplares. Pertenece
a la Biblioteca de Autores
Manchegos de la Diputa-
ción de Ciudad Real.